AF599824

GRAFFITI

POESÍA

HUERGA & FIERRO EDITORES

HUERGA Y FIERRO EDITORES, S. L. U.
C/ SEBASTIÁN HERRERA, 9
28012 MADRID (ESPAÑA)
TELÉFONO: 91 467 63 61
E. MAIL: huerga@huergayfierro.com
WEB: www.huergayfierro.com

PRIMERA EDICIÓN
2025

DISEÑO DE ÁNGEL LUIS VIGARAY

DEPÓSITO LEGAL: M-2659-2025 — I. S. B. N: 978-84-129307-7-1
IMPRESO EN ROMADAC Industria del Libro.
IMPRESO EN ESPAÑA

LOS PERROS LADRAN PENAS

Eladio Orta

LOS PERROS LADRAN PENAS

ELADIO ORTA

GRAFFITI

HUERGA & FIERRO EDITORES

los perros ladran penas

tomar de la vida
sacar de ella
pero nunca tocar la reserva
emily dickinson

escribir
a dos metros del apocalipsis
enrique falcón

1

cuando pase la calentura
no nos hagamos muchas ilusiones

florecerá la miseria en los arriates
del inmaculado olvido y

desaparecerán los ramilletes
de garabatos

de los márgenes de las cartas
cartográficas de los navegantes

veo los dientes corrosivos
de la desgana

carcomiendo la corteza
del árbol

veo puntos marcados en negro
en el mapa ecopoético de la resistencia

no veo límites halófilos palpables
en los laberintos salinos

no veo casas sin rejas en las ventanas

no veo chispa en los ojos del acomodo

solo veo la grieta de un portalón
tambaleándose indecisa en el aire

pidiendo a regañadientes
que aticen el fuego de la candela

agua que se desborda
es agua viva

2

veo los ojos extraviados de la niñez
escarbando hogueras en el declive
de la tarde

agujeros ciegos en el arenal salobre
a los pies del fango vivificador / cosido
a las suelas de los zapatos

los pactos son vientos
de la desconfianza

alas de garabatos
lleva el pájaro en el pico

no veo querencia a los tiempos
de espera y a los despuntes
del silencio

hay árboles que nacen
de la saliva de los pájaros

3

veo poses falsas embriagadas
de anfetaminas en las tarimas
de las plazas de abastos

veo ceniceros atiborrados
de colillas mutantes

no veo dulzura permanente / corriente
de agua flirteando en los aposentos
activos de los arroyos

solo veo penas
taladrando inmisericordes
las raíces de los árboles

.....

el optimismo si no brota
de la raíz del pesimismo
tiene poco recorrido

ahora mismo llueve
lo que no está en los escritos

el capitalismo tiene los días contados
((aunque nos parezca mentira))

4

veo desfiles anacrónicos de corbatas
tocando la flauta en las puertas
del despropósito costero

incitando compulsivamente
a la producción desenfrenada

no hay límite en los ojos ciegos
de la parca avaricia

ni en los bolsillos rotos
de la autoridad portuaria

veo monstruos de cemento
armado / desafiando espada
en ristre

las corrientes de las mareas y
el crecimiento de las dunas
en primera línea de suicidio

donde otros ven
lujosos apartamentos
en primera línea de playa

veo miles de veraneantes furtivos
arrasando bancos de coquinas y
navajas

donde otros ven diversión y
amabilidad manifiesta
de la naturaleza

con los habitantes
depredadores
de segunda residencia

veo consuelo ajeno
en plato propio

¡ay / las palabras comestibles
tienen los días contados!

5

tú ves las moscas verdes
en un lado

yo veo las moscas verdes
en el otro

andamos
faltos de entendimiento

tiemblo
cuando escucho los aullidos

de los perros agujerear
las sombras

gélidas de las zamarras
del viento

escribo de lo que desaparece
para que permanezca

6

dices que soy de otro mundo / ya lo sé
pero el mundo que dices que es mundo
es un mundo que no deseo complacer

la ceniza lava los vientos
de las pelusillas del arenal

fruto colectivo de nadie

7

si el dentro y el fuera se conectan

si los hilos sueltos de la escritura y
la vida se rozan

dejémoslos que paseen juntos
por caminos comunes

pero no por mucho tiempo
pueden acomodarse y

entonces / dime
qué lengua ensalivará
los pétalos de las contradicciones

8

no veo el resplandor deseado de la venida
de la lluvia por ninguna parte

pero espero a la lluvia atizando
palitos en la candela

no te engañes / no es a la lluvia
a la que esperas

no enmascares el verso que orillea
la floración de lo imposible

alumbrando la belleza de la flor
solitaria en el desierto

no te engañes / el verso mudo
es el que más duele

llueve bien llovido / acariciando
la besana del surco en las barcias y

la tarde clarea a espera de pájaros
en la negrura verde del ortigal

no te engañes / no es a la lluvia
a la que esperas

no veo nubes posarse en el cuaderno
pero la negrura está instalada

en el corredor del aire

9

por favor
no toques los palitos
de la candela que la desbaratas y

me acaricia la mano

ni enredes poniéndote
interesante con tanto
embrollo sobre la perfección
de lo blanco y

me roza los labios

ni te distraigas con tanto…
tanto poso espiritual laico y
tanta pose de modelo contemplativo y

me señalas con el dedo dulcemente

escribes un verso con chispa y
después hablamos

10

veo operarios municipales vestidos
de astronautas / fumigando caños y
zonas húmedas

olfateando como perros perdigueros o
como policía política del régimen
las guaridas de los mosquitos

veo albures con las branquias abiertas
tambaleándose en los pasillos oscuros
de las correntías de la muerte

dorsos pudrideros en las cornisas
infectas del fangal / perforados
por los picos hambrientos de la sal

invitando a las águilas pescadoras
a continuar con la cadena
mohosa del desastre

veo aves marismeñas picoteando
el fango en actitud desganada

alertas a los vuelos rasantes
de las fumigaciones de las avionetas

veo los dientes armados de los vigilantes
del amo / rastreando los cañaverales
a dos pasos y medio de la frontera

veo perros comiendo corazones
abiertos de sandías y

ladrándoles a los árboles
en las ramas de los pájaros

.....

si las ranas no cantan
en los hilos del entendimiento
los poetas ladran penas

11

pero si cantaran las ranas esta noche
la duda alumbraría las gavias
resecas del navazo y

el olor a tierra viva
de las primeras lluvias

despertaría esperanzas
en la piel arenosa
de la dulzura salobre

retoñarían yerbas titubeantes
a la espera del despunte
de la vaciante

pero no nos hagamos
muchas ilusiones

el afilador de mosquitos
viene pregonando

los tiempos de la desaparición
de las colonias de murciélagos

la verdad de la melancolía
tiene sabor a ceniza de membrillo

el abismo es nuestro sino

12

si los pájaros se precipitan hacia el abismo

nos arrastrarán a los bordes registradores
de las oficinas de la propiedad intelectual

hay pájaros que tienen plumas de mil colores
aunque una destaque entre las demás

cómo olvidar el silencio creciente
en los labios abiertos a la lentitud

cómo olvidar el temblor de tus muslos
alumbrando el despertar de la ternura

cómo olvidar los versos escritos
a fuego lento en la piel

. . .

escribir para desnudar la claridad

escribir para despellejar los sillones
de la casa del yo a tirones limpios

escribir para arder en el vacío

escribir con la saliva que se desborda
por las comisuras de la lengua

extrañezas navegables en el cuaderno

…..

escribo para llegar vivo
a la muerte

13

veo renacuajos en las pozas
estancadas de la resurrección

vestidos de marineritos
festejando la primera comunión

veo goteo de larvas esnifándose
el polvo blanco de las fumigaciones

desparramado sobre la mesa
blanca de las autopsias

veo vida en los aposentos
de los mosquitos sapaleros

donde otros ven picaduras y
malestar para los veraneantes

veo mucha hipocresía paliada
palio de viernes santo

veo tristes poetas muertos vivientes
disfrazados de reyes magos

repartiendo caramelos rellenos
de versos contaminantes

desde las poltronas cúspides
de angelicales carrozas de papel

por las avenidas estomacales
de las ciudades del sur

veo espejos en los facebook
escrititos a sus dueños

deprimentes en sus egocéntricos
pases de halagos propios

…..

veo sombras de nubes secas
a los pies de la palidez

14

veo los cascos de los caballos blancos
dibujando alfileres negros
en el fango vivo

aislando los posibles entendimientos
de las rachas de vientos contrapuestas

cuidémonos de los desperfectos
que vienen cosechas falseadas

de los ya falseados
significados

tronco de almendro seco
que da descanso a los pájaros

eso / tronco seco
el verso en el papel

los perros ciegos beben
en los cuencos del desagüe

15

en las épocas de abundancia
efímeras de las yerbas poéticas

(los aclamados poetas muertos vivientes
fermentan floripondios infectos
en las humedades de los bosques
ya calcinados)

vuelvo a la piedra afilada
por la corriente del agua

vuelvo a los pies de las rendijas
abiertas en el camino de la raya

esta noche invoco a las fronteras
sonrío a los vientos contradictorios

vuelvo a los huesos rotos en las cunetas
de todos los arroyos de la muerte

(por qué los fusileros fusionan
las palabras arroyo y muerte)

vuelvo a los temblores del desvelo
vuelvo al enigmático canto del gallo a deshora

(a las horas que los hijos de los fusilados
piden explicaciones a las estrellas)

vuelvo al rebusco de la caída de las hojas
en lo hondo fétido de las albercas

vuelvo a los versos
que huelen a zapatos

vuelvo a la verticalidad
de antonio crespo massieu

vuelvo a las preguntas incontestables y
veo a jorge reichmann preguntándose
por qué al pájaro cantor de ocho
plumas le han desplumado
las plumas cantoras que
embellecían el abanico
arco iris de su cola

vuelvo siempre que puedo
a escardar las yerbas en el huerto

¡ay / de las yerbas poéticas
en proceso de sequía!

16

la helada negra
anda descalza

por territorios minados
de partículas de cristales rotos y
alpargatas en desuso

tu lado suicida
me desconcierta

quizás desnude al mío

veo erizos rebuscando
en los despojos
de los comederos de gatos

veo luminarias en las brasas apagadas
del amargo desencanto

el calor de lo imposible
revive la candela

dime

cómo olvidar el picotear
de los pájaros en la desnudez
arisca de la carne membrillo

dime

cómo olvidar el canto de las ranas
debajo de las sábanas

en noche de luna desbordada
por los caños salobres de la isla

…..

benditas las manos que surcan la niebla y
benditas las siestas en la casa de las retamas

17

cuándo / dime / cuándo
las estrellas trenzarán

un hilo de luz y de sosiego
en los esteros salobres

del mapa amoroso
de nuestra piel

18

en ese fugaz instante en el que la escritura
se detiene a tiempo / en su justo momento

se escuchan sonidos que desconocíamos o
que invernaban en las rendijas del mundo

ahí / en el atino arisco de los temblores
se afinan los arpegios del silencio

19

veo arrugas cicatrizadas
rebujo amargo de leche de adelfa
filtrándose por los poros de la humedad

(ojeras de la incomprensión)

veo regueros de interrogaciones
abiertas en el azufre sofocante
de las pérdidas e hileras

de líneas inclinadas
sumergidas en las pozas
del dolor de las intuiciones

veo sustancias derramadas
en las ubres oblicuas de los poetas
favorecidos por el revolotear

de las moscas verdes
en el azucarero
digital

flores en el ombligo
cuando son aclamados
maestros en el ferial ciego

de la indigestión amorfa vaciante
de los pasos de peatones
en cuarto menguante

veo mucho folclore blanco rociado
por chorros de confusión general
a un paso y medio de la liturgia artística

defecada en balsas recalentadas
con alto porcentaje de mercurio y
otros aliados artísticos en auge

en fase de agria descomposición
morfológica angular e
ilegible

(………………..)

si los pájaros no cantan
en las alas reverdecidas
del árbol / démosles

vacaciones indefinidas
al verso y

dejémonos de tantas trifulcas propias y
amagos de desencantos urbanos

que también deben ser oraciones
pero de desesperanza

20

cuando el entendimiento se aleja
los pájaros cantan penas

penas mañaneras
montañas de penas en la noche

penas que arden en la candela
penas que se deshacen en cenizas

pena de seres humanos

21

a los queridos pájaros
no les han impuesto
toque de queda y
a la caída de la tarde
vienen a visitarme

es curioso
andan con la autoestima subida

la víspera de la primavera
les alborota el plumaje

llueve acariciando los morritos
de los brotes de la higuera

la armonía del entorno
calma los remolinos interiores

pero los queridos pájaros
andan de porfía

han improvisado una orquesta
en la pila del pozo

cantan los verdones y
les replican los jilgueros

cantan a reventar los chamarices y
pasean elegantes las abubillas

a veces me regalan melodías
a veces un pase de modelo

quién diría que andamos
en tiempos de cuarentena

22

veo agentes literarios y
poetas en el mismo saco

lapa y pala
en el mismo plato

pegados a la misma chepa
esclavos de lo inmediato

veo benefactores de oficios lapa
pescando albures en las grietas
resecas de los caños cementados

veo versos que van tomando forma
en la espiral de la batidora

agitando metáforas como quien
exprime naranjas para convertirlos
en poemas destilados

sin chispa en el óvulo de la extrañeza

¡ay / la pobreza de quienes llevan
el negocio en la sangre!

23

veo hileras de gusanos perforando
enjambres desorientados
de penas

alentando las respiraciones forzadas
de las nidadas engañifas
de hongos deformes

veo venitas cerebrales obstruidas
por los desbordes del alcohol
en los bajos depilados de la salmuera

veo vuelos de mariposas
vagando sin rumbo / perdidas
en círculos concéntricos

agobiadas por el veneno dulcificado
de las fumigaciones y por el desprecio
prepotente de las cabezas bien amuebladas

veo tinajas rebosantes de incomprensión
alumbrando los hilos tenebrosos
del naufragio

veo enjambres de abejas enloquecidas
arrojándose a las hélices
de los helicópteros

preguntándose
cómo salir indemnes del laberinto
morfológico de la clase media

la confusión alimenta cubas
hervidas de delirios

ojos bailando a los pies
de las patas de las bestias

24

que los pies de la poesía
huelan a zapatos

que el verso siga respirando
lejos de las disputas poéticas

lejos del acomodo complaciente

lejos del verso que no compromete

lejos de los premios amamantados
por las poéticas de la resistencia

lejos de las puntadas al aire

…

(((poetas de la resistencia

tanta complacencia
en los halagos

desacredita y
empalaga

la resistencia)))

.....

el lenguaje de la saliva
sería buen título
para desmontar el puzzle

del revés la aguja apunta manera

25

amor que no es / hipocresía
dulcificada en el plato

naranjas troceadas
en el abismo

amor que no es / flores
cortadas en el jarrón

no en el jardín
no en el prado verde

flores cortadas en el jarrón
amor que no es

26

querida poesía
mantente alerta a los desvelos

son tantas noches de sequía y
tanta metamorfosis aritmética

del velo / desparramada a conciencia
por los balcones de la irreflexión

que no me bajo del burro / primo
todo fruto tiene su tiempo de maduración y

escribir por encargo es sinónimo
de agricultura intensiva

el verso sale sin querer y
si queriendo sale / mala cosa es

los aplausos primo / tapan carencias
ocultan murmullos de abejas

27

veo ristras de alfajores colgados
en los tendederos invisibles
de las policromías adyacentes

bailando la autoestima en los salones
competitivos de las carreras poéticas

veo ruidos de sables en los corrillos febriles
amañando versos en las cazuelas del hambre

el dolor anestésico de las intuiciones
perpetua la sangre del gallo en el plato

veo la curiosidad indemne de los perros
husmeando los hilos finos del desastre
detrás de las cortinas de la impunidad

es tarde para reparar los desperfectos

nos hemos dejado llevar
por los encantos de la desidia

28

veo caravanas de rostros asustados
en los quicios interiores de la superstición

veo al movimiento obrero obnubilado
desubicado / desorientado

con la escala de valores en alto consumo y
con ausencias de escrúpulos en sus postulados

veo al movimiento obrero sacándole
las tripas a la madre naturaleza y
reutilizándolas en la elaboración
de carne mechada en los escaparates
virtuales de la indigestión

(no te enteras / primo
ya casi no hay sindicatos obreros
ahora se llaman sindicatos de operarios)

solo veo movimientos continuos o
discontinuos en las aceras sumergidas
de la mitificación de la abundancia

cuándo los sindicatos obreros
van a reivindicar el derecho
a plantar anillos de árboles
protectores en los semáforos
del espacio interior

cuándo los partidos políticos
de las izquierdas parlamentarias
van a reivindicar en sus programas
electorales la flor de la austeridad

agua sin desembocadura
es agua muerta

¡ay / de las democracias levantadas
sobre la superficie de fosas
comunes sin exhumar!

29

no veo silencio transformador
después ni antes del resplandor
de la tormenta

no veo sustancias dadoras de vida
en las orillas invisibles del verso

no veo mentes lúcidas respetando
el transitar de las dunas hacia el mar

no veo caminos de agua
en las lecturas online

no veo sensibilidades ecológicas
en los ojos de las cajas registradoras

no veo saliva de pájaros
en las cristaleras obnubiladas
de los mercadillos clandestinos

no veo pinzas de plumas de versos
en los aeropuertos del tendido eléctrico

festejando la salida del vuelo
para los desiertos de áfrica

no veo invitaciones abiertas a la contemplación
ni reflejos que nos acerquen a los tiempos lentos

no veo brillar los ojos cuando se pronuncia
la palabra tan necesaria: austeridad

30

veo parálisis morfológica del lenguaje
en los campos minados
de metáforas

veo artrosis en los cartílagos
de los llaveros

veo pajaritos de papel mojado
en los cerebros poéticos
de mi atropellada generación

veo flotando en el aire
la malsana ilusión de escribir
para construir separatas de humos

contaminantes / incendios provocados
por quienes se pasan por el forro

el miedo al ridículo y
a sus afluentes doctorales

la palabra vergüenza no tiene hueco
intestinal en los escaparates
nublados del humo

la mediocridad
no solo no se avergüenza
de su pobreza humana

sino que se envalentona
en los círculos florales
de la extrema listeza

frío metal atravesando
el fulgor del rayo

en los párpados
abiertos de la inconsciencia

el frío entra en la carne
vestido de afilador de pájaro verdugo

las sombras son nuestras únicas aliadas

31

veo el agua del río bajando achocolatada y
aparecen briznas de añoranzas en blanco y
negro en el vientre de la fotografía

hojas palidecidas del libro de los recuerdos

pongamos las pequeñas cosas desaparecidas
sobre el paño de la mesa y

hagamos un acto de memoria y
lucidez

veo claudicación por etapas
en las ingles viciadas del reconocimiento

veo sombras donde otros ven luces

veo amagos de palabras repetitivas
troceando los hilos del silencio

jarros de agua fría hirviendo
arrojados a la piel de la flor del suicidio

veo penas camufladas en alfombras
postizas voladoras

veo producción donde otros ven protección

(el vínculo principal del capitalismo
con la naturaleza es el de explotación)

veo miserias donde otros ven prosperidad
multiplicada en el descontrol

raíces enfermas de autocomplacencia

anoche puso un huevo la serpiente
del cascabel blanco en el vientre
de los arriates de la luna

el huevo ya estaba huero

32

veo mucho turista infiltrado
en la farándula poética

mucha metamorfosis clínica
desatada en la locura ombliguera

veo acomodo subiendo escaleras
de prestigio en los despachos

anfibios de la ilustrada
sequedad poética

veo poses tendiendo
lazos de mediocridad

en los circuitos adscritos
al compadreo

veo premios fluctuando
en el fondo ácido

de esculturales
escupideras de nácar

veo competiciones virtuales
ambulantes / tomando
las aristas de mi cuarto

veo espejismos nublados
por los cambios neuróticos
de los hocicos de los perros

adiestrados en los pasillos caníbales
de los hospitales privatizados
por las picaduras engañifas

veo la luz ciega del sufrimiento
en los ojos acuosos del abandono

veo sequedad empotrada en el verso
ladrando temblores de estrellas

tijeras cortándole las alas
a la levadura poética libertaria

33

veo agua destilada bordeando
las aristas consonantes

de las huellas del verso libre
en las pizarras asonantes

de las camadas poéticas florecidas
en talleres de poesía ambulante

veo luz turbia en sus ojos
agua destilada en sus versos

plagios domésticos en sus dentaduras

.....

los gemidos del mar atraviesan
las redes de la telaraña en la niebla
husmeando las grietas olfativas del aire

no veo garzas posadas
en las marismas del verso

solo escucho perros ladrando penas

34

veo gemidos de gargantas
martilleando intermitentemente

el hierro cadente

veo afiladas serpientes silbando
arpegios en los distritos ocultos

del caño del orín

veo cuchillos puntilleando
la salmuera en los bordes
retorcidos del solejero

la transparencia invisible
ciega identidades

ciega vínculos complacientes

ciega las carencias ocultas
de los vendedores de humo

de todo por la poesía
    todo por la poesía
        por la poesía
            la poesía

poesía
esía
sía
ía
a

¡ay / mal andamos si tomamos
a la poesía por bandera!

“flores en lugar de banderas”
jesús lizano

35

veo los retamales blancos
nieve perenne en los ojos

cal desparramada sobre la alfombra
en noches de gemidos relajantes

veo los hocicos de los perros blancos

ladridos masticando yerbas laxantes
en los descampados de la caducidad

veo los cuadernos en blanco
sin garabatos en los márgenes

sin brotes de higueras en el pico

veo los campos con una costra salitrosa
blanca / adueñándose de las tierras de labor y

de los albores de los retamales

veo suspiros entrecortados de escarabajos
peloteros / atrapados en las redes blancas

del picor de los ansiolíticos

veo pájaros blancos merodeando
los arriates inconscientes del sueño blanco

veo calles vaciadas de movimientos

extraño paisaje de un mundo
que vive en su interior sin vivirlo

involuntariamente forzado
por las hélices del enchiqueramiento

se escucha el acorde de un violín
hay voces dentro del miedo

las calles se inundan de bozales

36

los grillos nos están avisando y
no nos percatamos

los grillos nos están tronando los oídos y
no nos percatamos

los grillos grillan las noches de febrero y
no nos percatamos

los grillos pavonean sus alas a orillas del desastre y
no nos percatamos

andamos sordos / ciegos y
grillados

andamos tocando la zambomba
en las puertas del disparate

andamos contando los billetes
en las máquinas registradoras del desastre

andamos engordando los bolsillos
de la mediocridad usurera

andamos tocándole las palmas
al devastador capitalismo

……

escribo
para ser atravesado por un rayo

37

veo canastas de penas
alimentando nidos de ácaros

en los bolsillos giratorios
de los pulcros saqueadores

veo océanos de lagrimas secas
en las huellas dactilares del verso

veo poses / solo poses
escalando escaleras sin pies

no veo ternura crítica lavando sofocones
en los umbrales de la discordia

veo poetas dándole mil veces la vuelta
al poema para que no lo entiendan

ni los divinos resplandores
del verso

veo poetas que guardan un tesoro
dentro del poema para contarles

a sus almas gemelas poéticas
que tienen escondido

un tesoro dentro
del poema y

el que lo
encuentre
tiene premio

¡ay / que las palabras útiles nos reconozcan y
las palabras inútiles no nos abandonen!

38

no veo luz poética
solo veo cenizas en el plato

arde la planta de los pies
de la sierra de huelva y
del valle del jerte

no veo agua en los ojos
solo veo pestañas de árboles quemadas

solo veo distanciamiento de la realidad
en los bordes de la escritura

solo veo campos arrasados
donde otros ven agricultura intensiva

solo veo árboles desplomados
arañando en su caída

a los troncos calcinados por el fuego

solo veo nubes postizas en el horizonte
subidas en las cornisas de la sierra

solo veo truco
donde otros ven belleza apocalíptica

solo veo ojos llorosos
a la espera de que las lágrimas

verdeen la tierra arrasada

“nuestra forma de vivir es el fuego”
isaías griñolo

39

un pájaro de metal atraviesa el sueño

al despertar las plumas caídas del árbol
preñan de lombrices los zapatos

vestidos de catástrofes desayunamos

40

veo huellas de pájaros desaparecidas
en los límites del arenal costero

lo invisible se vuelve visible en el sueño

hay melancolía abierta en canal
en las huellas de los ausentes

pronto caerá la tarde

enloquecerán las sombras
en los brazos del cansancio

crece dentro de mi
la incertidumbre

alimentada por las supuraciones
de las hélices desmemoriadas

los perros me huelen los pies

41

apunta primo en el cuaderno:

solo veo pérdida en las alforjas

solo veo pérdidas de significados
en las pizarras ideológicas del acomodo

solo veo pérdidas selladas
en las piedras ambulantes
del asfaltado camino y

en las alfombras azules
de la nostalgia

.....

y
aun así / la sonrisa
abre ventanas y

a veces aparece camuflada
detrás de los labios humedecidos
por el chorreo de la tajada de sandía

a la espera del vuelo del pájaro
desde la mano del niño
a la pila del pozo

apunta primo en el cuaderno:

solo veo moscas verdes
bailando dentro del cuadro
descuadrado en la pared

¡ay / mal andamos si perdemos los olores
selectos de las flores del aislamiento!

índice

1 13
2 15
3 16
4 17
5 19
6 20
7 21
8 22
9 24
10 25
11 27
12 28
13 30
14 32
15 33
16 35
17 37
18 38
19 39
20 41
21 42
22 44
23 45
24 47
25 49

26 50
27 51
28 52
29 54
30 56
31 58
32 60
33 62
34 63
35 65
36 67
37 69
38 71
39 73
40 74
41 75

Esta obra
se acabó de imprimir
con los auspicios de
Charo Fierro y
Antonio J. Huerga, editores

FINIS CORONAT OPUS